JN410799

고공 김리원 령영시집 01

39위 솟아나는 빛

김리원
지음

이화문화출판사

39위 솟아나는 빛

인 쇄 일 : 2015년 3월 25일
발 행 일 : 2015년 3월 30일
지 은 이 : 김 리 원
발 행 처 : 이화문화출판사
서울시 종로구 사직로 10길 17(내자동)
02-738-9880 (대표전화)
02-732-7091~3 (구입문의)
02-725-9887 (팩스)
www.makebook.net

기획편집 : 박 휘 종 | 디 자 인 : 모 유 정

I S B N : 979-11-5547-174-6 03810
정 가 : 9,000원

인류 최초 령시 讚

나는 성황님과 출가 75주년이 되어 30여 년 동안 전국 756곳의 전적비 순국선열의 천도 충혼탑 순직비 전국 성지 6월의 보국의 달에는 빠짐없이 39위 적정생아 순국선열 구국열사 애국지사 호국영령의 높은 뜻을 기리며 천도의 뜻을 담아 대한민국의 무궁한 발전과 경제 성장의 힘을 님들의 뜻으로 2만불 시대가 4만불의 문을 활짝 열기 위해 39위 사망되신 분을 위해서 천도 비를 세워진 곧이 옥천군 군북면 추소리 환산로 513번지 세계인류 대성지 조성을 1994년 개산 세계인류 세심운동 총연합본부 세계불교 세심종 총본산입니다.

고공 시인은 39위 적정생아비를 20주년을 기념할 때 시를 올려 대성지와 인연이 되어 순국선열 구국열사 구국충혼 인류의 조상님 애국지사 호국영령을 위한 추모기도로서 39위 서거자에 바치는 인류 최초의 영령의 시를 읊으니 감사하고, 앞으로 더욱 영령님 추모 천도 기도를 올려 세계 대성지 시인이 되시를 기원합니다.

끝으로 영령님 시가 우뚝 설 것을 약속합니다.

2015년 3월

선불교 종정 도일 우각 94세옹 만 옹 대 사

숭조님께 시 예찬

드디어 대가 되니 인류 역사 속에 최초로 탄생되는 숭조님께 시를 올리는 때가 왔으니 그것도 동방예의지국 한국에서 영령님의 시를 쓴다는 것은 하늘과 땅이 삼라만상의 영령님이 보살피어 고공 김리원 시인께서 세계성지 포교사로 특별히 영령님 일체의 시를 올려 드리고 수구촌 주인으로 오시기를 간절히 바라면서 뜨거운 마음으로 영성의 영성 대의 지침 속에 영파의 큰 장엄한 시가 탄생되니 감히 예찬을 고공 김리원 시인께 드리고 더욱더 서봉은 숭조 종정으로서 앞으로 30조억 모두의 새로운 혁명의 영령님께 기도 드리면서 무궁한 고공 김리원 영령의 시인 영파의 시인이여, 크게 이루소서.

2015년 3월

숭조종정 서봉 김 인 환

순국선열 구국충혼 애국지사 추모시 讚

성황예전님께서 나와 인연은 반백 년 세계불교세심종 전국 신도 총회장을 역임 세계인류 세심운동 총연합본부 부총재 포교종정으로서 영령의 시기 더구나 순국선열 구국열사 애국지사 호국영령 님의 시는 더욱 빛나는 시가 될 것이며, 앞으로도 계속 39위 적정생아비를 맞으며 그로 가신 모든 님을 위하여 끝없이 108의 추모 천도 시를 바치고 영령의 힘이 존재하고 높은 뜻으로서 조용하고 평화로운 수구촌 전쟁의 고통이 사라진 지구촌 사람이 사람을 서로 신뢰를 바탕으로 하고 잘 사는 안전의 세상 문이 활짝 열려지는 바로 그때를 위해 영령의 원통지혼을 위한 시를 올려 더욱 감사합니다.

영령의 시를 올려 49제와 100일 대제를 세계성지 호국천도 도량에서 국운융창 창조경제 국민안전을 위한 일만 잍음 위한 영령의 시를 올려주세요.

2015년 3월

포교송성 정 종 열

목 차

작가후기

39위 솟아나는 빛

승리의 꽃

장미빛깔 붉은빛이
이리도 고왔더냐

장미향의 그윽함이
이리도 향기로왔더냐

장렬히 싸워이겨
승화를 얻었으니

이 한 몸 먼저 간들
그 뉘기 섭섭타 하리오.

그림자

창공을 날으는 매처럼
온 세상 누리고 싶었거늘
창공을 날으는 매처럼
하늘높이 오르고 싶었거늘
검은 그림자 드리우니
뜻대로 되는 세상 아니더이다。

평화

이편도 아니요
저편도 아니요
같은 하늘 아래 선을 그어 무얼하오

졸졸졸 흐르는 시냇물
큰 바위에 가로막혀

산산이 부서지는 물줄기 속
자그마한 물고기들

모진 고난 세상풍파 겪게 하지마소.

옥사

칠흑 같은 어두움 속
혹여 들킬세라

숨죽이며 몸 낮추니
살얼음 걷는 심정일세

틈 사이로 들어오는 빛
온 몸을 감싸주니

죽음이 두렵지 않더이다.

다짐

나는 바랐노라
한 나라의 주인이 될 거라고
나는 다짐했노라
살기 좋은 나라로 개혁하겠다고
나는 전했노라
온 국민 한 몸 되어 멋진 「삶」
살아보자고。

유월은

총, 칼 벗 삼아
목숨 바쳐야 했다네

전진하는 전우들이여!!

피비린내 나는 산과 들엔
여전히 울어대는 소쩍새 소리
꽃들이 한창인데

끝없는 총탄소리
언제나 끝이 날고??

영웅

하늘이 오라하니
마다않고 가겠소

땅이 가라하니
서운타 하지 않겠소

길지 않은 짧은 인생
미련인들 없겠소만

행여 한이 서릴까
돌아보지 않으리오.

억울함

묻지마오 묻지마오
냅들 가고 싶어 떠났겠소

울지마오 울지마오
냅들 울지 못해 못 울겠소

한바탕 꿈꾸고 나니
이생 아닌 저생이더이다.

내일

숨이 막혀 창가에 기대어본다

좁은 틈 사이로 불어오는
향긋한 바람

지그시 눈 감으니
하염없이 흐르는 눈물

제발 내일이 오지 않기를…….

세심

후손들

보소서

그때 영령님

뜨거운

눈초리

영령시인 석야

원김
인리

고공

아직은

피비린내 진동하는 그곳
무궁화꽃 만발하였네

따사로운 햇살
포근히 감싸주니

스르르 눈이 감길까
서러운 맘 더하더라.

슬픈 전율

핼쓱한 얼굴 보니
참아왔던 눈물
폭포수 되어 흐르네

손이라도 잡아주고 싶었건만
유리벽 위로 전해오는
슬픈 전율뿐이네。

삶

애닯다 애닯다
새파라니 피지 못한
꽃 한 송이

밤하늘 별님달님
저리도 다정한데

차가운 철장 속의 삶이
참으로 애달프도다.

빗소리

하루 종일 비가 내리네
마음을 아셨을까

하늘이 주신
위로의 선물

내리는 빗소리에
서글퍼지니

마음 저 깊은 곳에
요동의 물결 차오르네.

독립투사

얼음장처럼 차가운 바닥

찢기고 찢기어
너덜너덜
한이 서린 몸

나의 잘못이 무엇이더냐

한나라 한민족
조국과 민족 위한 맘
욕심이더냐。

돛

밝고 밝은 태양이시여
구름 한 점 없는 화창한 날

한 나라의 군주가 되셨으니
기쁨이 더할 나위 없나이다

님의 맑은 눈으로
세상의 불을 밝히고

님의 깊은 생각이
총명한 지혜 열리며

님의 곧은 마음이
청빈한 삶을 이끄니

님 가시는 길

망망대해 순풍호 돛처럼
커다란 돛이 되어 주리다.

아가야

보고싶어도 마음뿐
미안하여도 생각뿐
기다리어도 눈물뿐

만남을 앞세워
먼길 떠나는 애석한 마음

한나라의 충신되어 떠나니
너그러이 용서해다오.

방패막이

두렵지 않네
두렵지 않네

서슬파란 무서운 칼날
난무한다 한들

나랏님 방패막이
두려울 게 뭐가 있을까.

별

하늘에 별이 지네

반짝 반짝

컴컴한 밤하늘
우뚝 솟아 있는 별

희망이란 두 글자
가슴 곱게 새겨 주니

작은 별, 또 따라 지려 하네.

나그네

여보시오 길 가는 네들
내 말 좀 들어보소

조국 위해 떠나오니
부모형제 잊고 왔소

서러워 그런 줄 착각마소

부모형제 보시거든
나라위해 장엄히 떠나간몸
슬픔일랑 잊으라 전해주소.

세심
예우는
지극히 공손함이네
고공

화살촉

뻥 뚫린 가슴
붉게 피어난 장미꽃 한 송이

뾰족한 화살촉
가슴 관통하니

조국 위한 간절한 맘
한 송이 꽃을 피웠다네.

역습

혼신을 다해
선진하니

목이 말라 타는 줄 몰랐네

적들의 후퇴직면 후
목 축이는 중

역습하는 적 막지 못해
생의 쓰디쓴 고배를 마시었네

아!!! 조국이시여.

늪

서슬처럼 파아란
살기 돋친 눈

태연한 척

적장의 마음을 녹이여
사로잡아

죽음의 늪으로 드누나。

외치다

하늘은 쾌청한데
슬픔은 끝이없고

강물이 흐르듯이
큰 물결 만드니

한데 모인 우리 님들
젖 먹던 힘을 다해 불러본다

대한민국 만세!!!

소쩍새

적막이 흐르는 고요한 밤
구슬피 들려오는
소쩍새 울음소리

고향집 생각 절로 나니
커다란 원을 그려본다

하늘이시여

저의 기나긴 투쟁이
헛되이 되지 않기를
간곡히 바라나이다.

열사

풀피리 소리에
마낭 즐기웠던 어린 시절

어느새

성인이 되어
독립열사 되었으니

그 님들 기쁨
더할 나위 없더이다.

침략

바라는 것도 없소이다
그냥 조용히 살고 싶을 뿐
원하는 것도 없소이다
그냥 소박한 삶을 원할 뿐

침략을 일삼는 자들이여
이 몸 바쳐
그대들 악랄한 모든 죄
만천하에 알리리이다。

금잔디

보잘 것 없는 잡초라
비웃지 마소

밟히고 밟히어도
굽힘 없으니

조국과 민족 위한
꿋꿋한 맘
그 누가 알리오.

메아리

작은 아우성

힘을 모으니
큰 물결 이루었네

강한 자 난무하는 세상

외치고 외치우고
소리도 내보았지만

오직 돌아오는 건
슬픈 메아리 뿐이네.

* 최종범 열사의 투쟁했던 마음을 기림(삼성전자).

승리의 화신

지는 해가 오늘이더냐

잠시 자취를 감추었을 뿐
영원히 지는 해는 없더이다

오늘도 뜨고 내일도 뜨는
밝고 밝은 태양처럼

온 민족 승리의 화신이
되어 주리라.

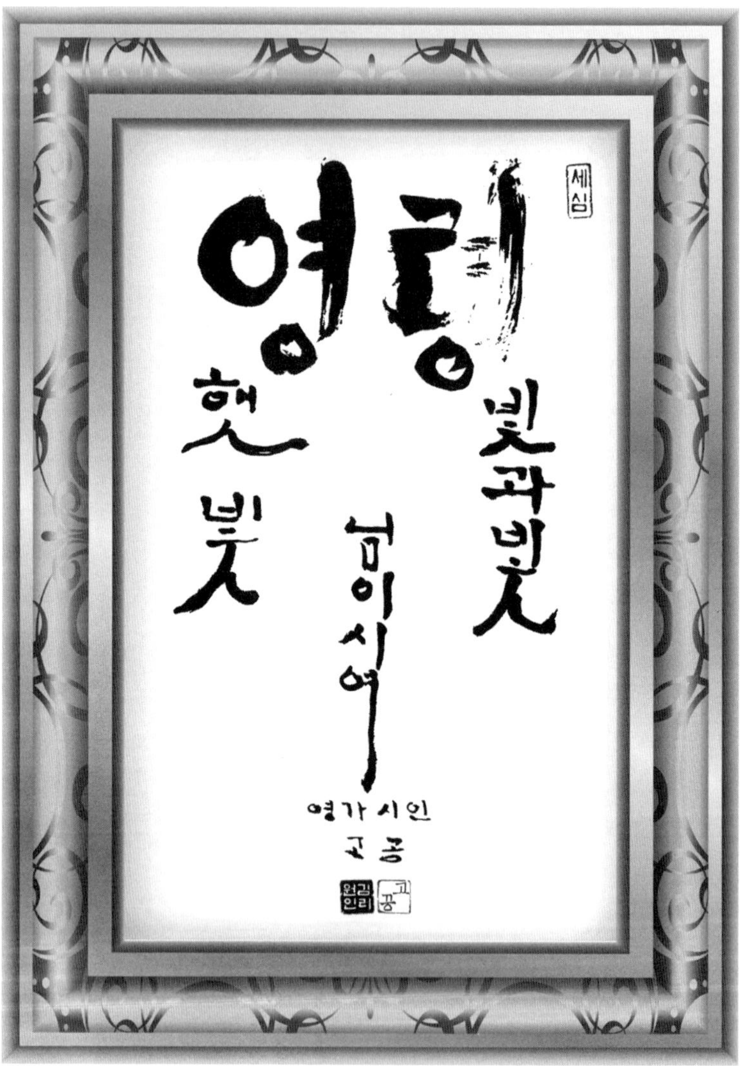
세심
영광
빛과 빛
님이시여
햇빛
영가시인
고공
고공

바다 교전

꿈 많던 어린 시절
꿈이 무럭무럭 자라던
파도 넘실거리는 광활한 바다 위

성년이 되고나니
잔인한 삶의 터전이 되어 버렸네

끝이 없는 넓고 깊은 바다 위
보임 없는 끝을 보려하니
얼마나 가슴 아픈 일인가.

주검

쏟아지는 포탄 속
여기저기
신음하는 고통의 소리
갈기갈기 찢긴 전우들의 주검
차마 온 정신으론 볼 수 없으니
혼미해진 정신줄 놓을까 두렵다네。

밤송이

싸늘한 기운이
온몸을 스치네
쾅 하는 소리
정신을 잃어
사경을 헤매이며
가느다란 빛줄기에
눈을 떠 보니

멀쩡한 다리
온데간데 없이 사라지고
온몸이 붉은 피로 물들었네.

할미꽃

핏물인지 눈물인지
동료의 죽음 앞에
엄숙해진 마음은 잠시
마음 저 깊고 깊은 곳에
역동의 분노가
타오르니
모든 사물이
어느 순간 무기가 되어 있더라。

오로지

오로지 승리의 기쁨을 위해
오로지 국가의 평화를 위해
오로지 민족의 안녕을 위해
오로지 가족의 행복을 위해
오로지 자신의 생을 위해
앞뒤도 보지 못하며

오로지 앞을 향해 전진한다.

방어

날아오르는 총탄에
막을 자 누가 있겠나

오면 오는 대로
가면 가는 대로

살아 있음에 감사할 뿐
막는 것도 무리요

싸워 이기는 것도 무리이니
누군가의 방어는
최고의 축복이로다.

망부석

거친 비바람 속
뉘의 기다림인가

살얼음 추위
일백 번
망가지고 부서질세

어여쁜 우리 님
보고픈 간절한 마음
흐르는 세월도 약이 되려네.

등대

거침없는 풍랑 속
망망대해 거닐자니

다짐했던 그 큰 꿈들
초점 잃은 눈동자
한낱 물거품이려니

반짝반짝

우뚝 솟은 저 빛이
끝없는 사막의 오아시스러네.

가을 사랑

주홍의 석류를 보자니
계곡의 높이가 보이고
흐르는 물속에 비치는
님 모습 사랑만 가득하더라。

가족

내리는 빗소리
마음마저 차분해지는 날이다

지나온 세월
마냥 즐겁지는 않았기에
마지막 '원'이 있다면
단 하루라도
가족의 품에서 잠들고 싶을 뿐이다.

업

비몽사몽
통곡하는 소리에 잠을 깨니

백발된 노인
에워싼 동료들 울음소리

서러워라 서러워라
무슨 업으로 인해
좋은 세상 등지고 갖은 병 다 얻어
평생 이곳에 머물다 가는가.

굶주림

밤낮없이 들려오는
총탄 소리와 신음 소리

며칠째 굶주린 배
움켜쥐며
물이라도 마셔 채워보네

물속에 비친 낯설은 얼굴

바짝 마른 모습에
커다란 눈만 빈득기리니
서러운 생각 절로 나네.

가을

지는 해를 보니

어린 시절
추수 끝

나락 줍던
추억이 새록새록

이맘때가 되면
풍족한 먹거리에
풍요로운 세상이었거늘

전쟁이란 현실 앞에
모든 상황 힘들어지고
서로 불신만 더해가네.

인과응보

향긋한 향기
아름다운 모습

진흙 속 '연꽃'을 보아라
비록 더럽고 추한 흙탕물 속이지만

맑고 깨끗한
아름다운 모습
향기마저 더하니
어찌 사랑스럽지 않을까

'화과동시'라 했던가
꽃이 지면 열매 맺듯이

우리네 '삶'도
'인과응보' 따름을 잊지마세.

처염상정 화과동시하니
인간세상 인과응보 다름없네.

빛과 소리

컴컴한 어둠 속

빛으로 오신 님이시여
밝고 환한 빛 비추시니
생명의 빛 되시었네

소리로 오신 님이시여
맑고 청량한 소리 들려주시니
진리의 길 열어 주시었으며

밝고 맑은 청량함이
'삶'의 진리이자 생명의 길임을
잊지 않게 하소서.

전우의 죽음

"전신" 하는 소리에
오로지 앞만 보고
전진했던 친구

서로에게 큰 힘이 되었거늘
바람의 시기일까?

소리 한 번 지르지 못한 채
지그시 눈을 감고 말았네.

만남

여보시오
나 먼저 가오

바둥바둥
목숨 부지하기 위해
버틴 건 아니라오

끝까지 남지 못함이
애석하다만

이쯤하면 내 몫은 다한 거 같소
다음 생에 이런 만남 하지마소

천상화

영혼의 꽃이 있었으니
그 향기 온 누리에 가득하네

생사 막론하고
천지 만물의 상생 도우며
사랑과 자비 구원의 손길
이루니

하늘 땅도 감탄하시어
꽃비 내려 축복해 주시네。

사랑

내 안에 주 있으니
평화를 얻고
영혼을 구했나이다

내 안에 주 있으니
모든 고통 벗어나
기쁨과 사랑 얻었나이다

사랑하시는 주님이시여

이 몸이 다 하는 날까지
오직 주님을 위한
사랑이길 소망하시나이다.

*김대건 신부님의 주님을 위한 사랑

약초

가로세로 한 평이나 될까
꽉 막힌 공간
마음도 몸도 세상 등지려하네

몸은 벌써 세상을 하직하고
마음만 남았거늘
이제는 떠나려하네

많은 이들의 약초가 되었다는
몸과 마음이기에
편히 갈 수 있어 기쁘다네.

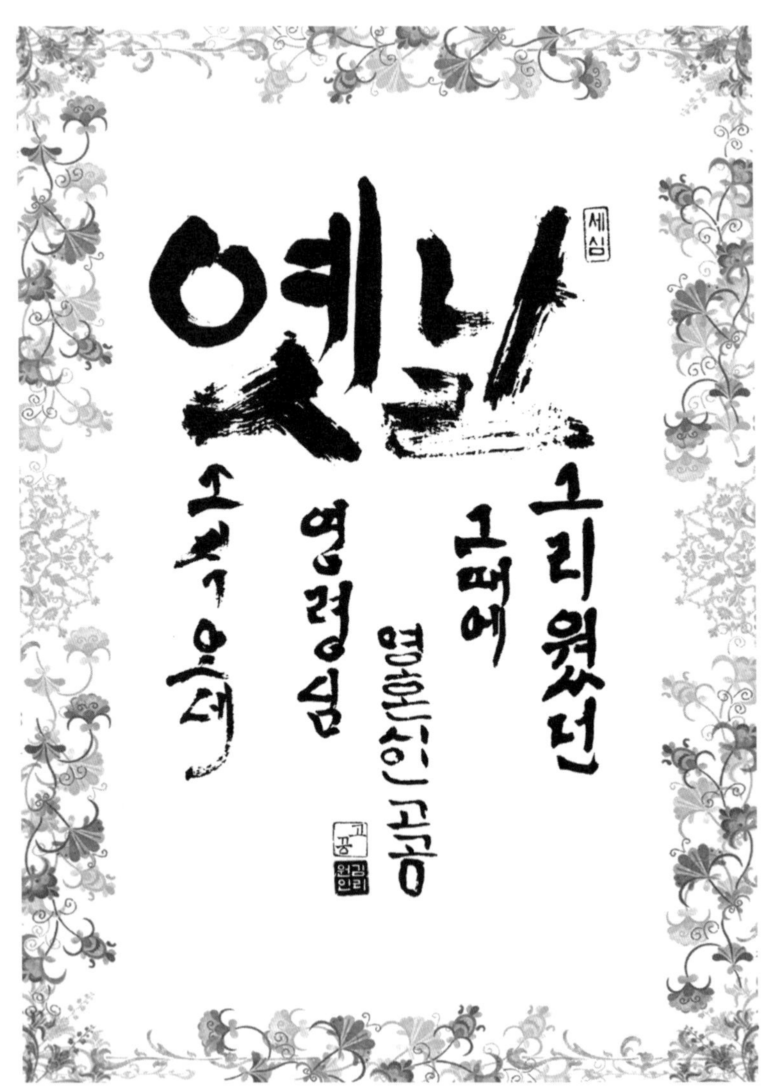
옛날
그리웠었던
그때에

상처

아물지 않은 상처이다 보니
겪는 고통은
이루 말할 수 없다네

날이 궂은 날이면
아픔은 더해가고
잠을 청해 잊어도 보지만
그 또한 마음처럼 쉽지 않다네。

백송

고통의 신음소리
까맣게 타들어가네

동료의 아픈 다리 보고 있자니
가슴은 미어오고

손 하나 쓰지 못하는 현실
더욱 더 측은해지니

이곳이 지옥과 다를 게
뭐가 있겠나.

애착

어둠이 밀려온다
며칠 전
희망이란 글자를 품었으나
병마에 시달린
육신을 위해
이제는
「삶」의 애착을 내려놓아야 하네。

하늘

무심한 하늘이시여
정작 이 좁고 좁은 답답한 곳에
내 생을 거두려 하시나요

두렵고 두렵나니
아픔보다 두려운 게 죽음이거늘

하루라도
생을 이을 수만 있다면
이보다 더한 아픔도 참겠나이다.

감사

살아생전 육신에 감사하며
살아온 횟수가 몇 번이나 될까

혹독한 고문과 무참한 형벌에도
참고 인내하며 인내하였거늘

오늘은
그동안 지탱해준
나의 육신에 한없이 숙연해지는구나。

열꽃

세상사 마음먹기라 하지만
몇 년의 옥사 중
아픈 세월 보니
그게 전부는 아니더이다

온 몸 울긋불긋
열꽃마저 피어나니

하루하루가 죽음의 문턱이더이다.

짐

눈을 뜨면
숨 쉬고 있는 현실에 감사할 뿐이다

극도로 쇠약해진 몸
나약해진 마음으로
죽음의 두려움은 더해가고

기적을 바라는 마음
더욱 간절해지니
이 마음 또한 '삶의 짐'이 되는구나.

애국

잊지마오 잊지마오
나라위해 떠난님들

짧은인생 등에지고
부모형제 멀리하여
가는마음 오죽할까

남아있는 우리네들
선열들의 위대함을
잊지마오。

고하노니

하늘은 알고 있을까
　아프다 못해 쓰라림을
하늘은 알고 있을까
　외침 이전의 한 맺힘을
고하노니
　천지광명 비추시어
온 누리 평화 이루소서。

서러움

나 죽어 꽃이 피니
　생사 따위 간 곳 없고
나 죽어 귀 밝히니
　통곡 소리 승리함에
어찌하여 서러운 맘
　이어가리오。

세심
사무쳤던 그리움이여
파사인 고공
고공

애달픔

한 서린 맘
눈물되어
큰 바다 이루니

하루하루 억울한 맘
그 누가 알까

꽉 막힌 좁은 공간
마음과 몸
둘이 되니

애달프고 애달프도다.

무궁화

외치고 외치나니
우렁찬 그목소리
천지를 호령하여

억울한 영혼님들
달래고 달래주니

가슴속 깊은곳에
무궁화 꽃피웠네.

후손들에게

사랑하는 후손님들
목숨다해 지켰으니
감사한맘 잊지마오

나라잃은 서러운맘
그대들이 어찌알까

선조님들 피땀흘려
지키어온 우리국토
건승하고 건승하소.

인생

이 세상 두려울 게 없나니
이 세상 무서울 게 없나니
이 세상 참혹함이 없나니

걱정근심도 생사여부요
희로애락도 생사여부요

'삶과 죽음' 앞에
두렵지 아니한 게
그 뭐가 있던가.

용과 구름

오늘 이 시간
천상천하 유일함이

후손만대 평화로움
기쁨주고 도움되어

후손들의 사랑 안고
떠나가는 마음인들

비교하여 무엇하리오.

천년마중

그립고 그리워라
눈물로 지새운 밤
하늘도 아셨을까
천상의 울음소리
우리님 들려주니
최고의 천년마중일세。

한

악랄함이 또 있을까
금수만도 못하느니
인간세상 잔인하여
한 맺힌 맘 놓지 못해
하늘 땅이 울부짖네。

최고의 삶

피고지는 들꽃처럼
우리삶도 그러하네

천년만년 갈것마냥
우리인연 그러하네

세월가면 알게될까
벌거벗은 우리인생
그러한삶 최고라네.

등산

밝아 오는 아침
　　구름 한 점 없나니

　　　　다시 볼 수 있는 날
　　　　　　손 꼽은들 뭐하리

　　　　　　　　걷는 걸음걸음
　　　　　　　　　　천 근 만 근이더라.

우리 님

하늘 아래 위대하신 님
목숨 다해 바치오리니
가시는 길 평안하소서

적막한 고요한 숲
창과 칼 웬말인가
푸른 초목들 잠 깨울까 미안하이.

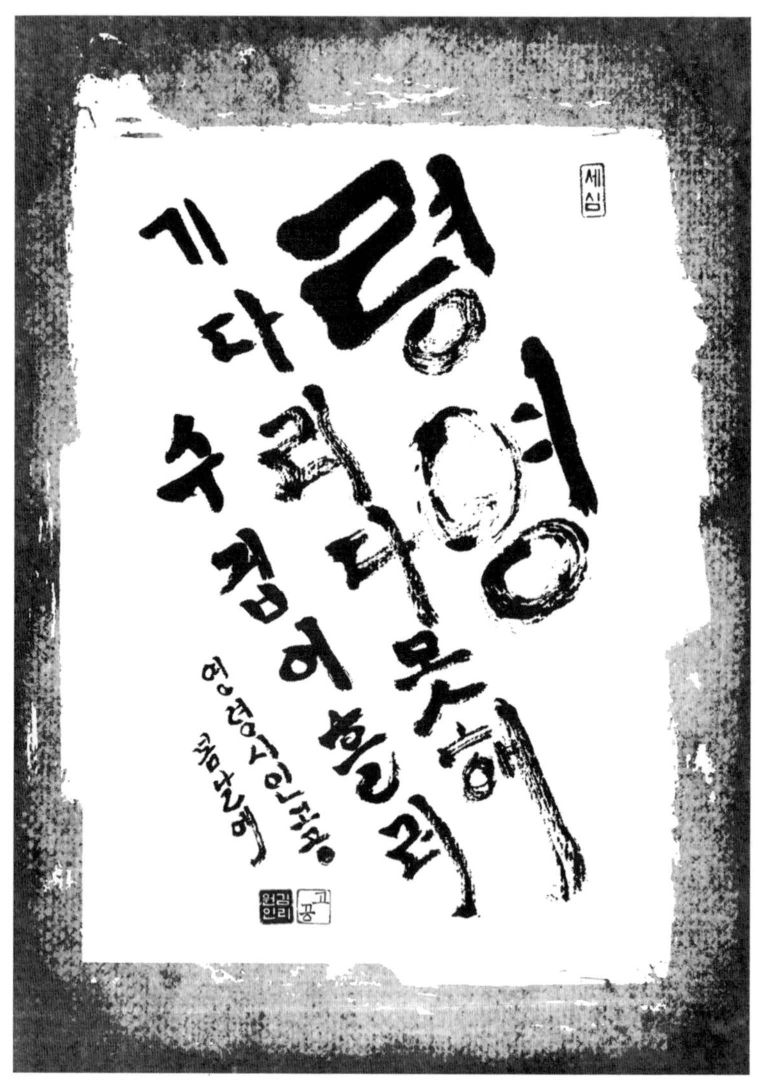

천년지기

한 계단 한 계단
　마음자리 깊어지니

　　　바라보는 마음인들
　　　　오죽하오리이까

　　　　　　애틋한 마음 높이 승화
　　　　　　　아름다운 자리 고귀한 곳
　　　　　　　　'천년지기' 님이라오.

최초로 39위 영령님의 시집을 내면서…

감히 영령님의 원한·원통·애통·극원·해탈·추모와 제위 천도와 환회·환생 모두의 대 뜻을 담아서 죽은 자와 죽은 자 간에 일체의 한을 풀고, 죽은 자와 산 자 간에 일체의 한을 풀고, 산 자와 산 자 간에 일체의 한을 풀어 사회의 패륜적 행위가 사라지고 불신의 소치를 뿌리 뽑아 서로가 사람의 예와 도를 이어 지구촌의 안락을 위한 최고의 덕을 쌓고 후손들의 복된 일이 되도록 기도를 드리면서 모든 종교를 초월하여 오직 39위 영령님 전에 특별한 기도와 천도·진혼 대제 71억 조상님께 바칩니다.

미흡하고 부족하지만 영령님에게 더욱 알찬 기도로써 일체를 참회하며 더욱 정진하도록 영령님이시여, 큰 힘을 안겨 주옵소서.

끝으로 독자 여러분, 부족하더라도 애독하여 주십시오.

2015년 3월

영성시인 고공 김 리 원